CAMPAGNE

DE

Mr. LE MARÉCHAL DE NOAILLES

EN L'ANNÉE M. DCC. XL. III

MACON, PROTAT FRÈRES, IMPRIMEURS

CAMPAGNE

DE

Mr. le Maréchal de Noailles

EN L'ANNÉE M. DCC. XL. III

Journal du Chevalier de Malbez

Commissaire d'artillerie

PUBLIÉ

AVEC DES NOTES ET UN PLAN DE LA BATAILLE DE DETTINGEN

PAR

JOSEPH DU TEIL

PARIS

ALPHONSE PICARD, LIBRAIRE-ÉDITEUR

82, rue Bonaparte, 82

1892

AVERTISSEMENT

Le chevalier de Malbez, auteur de ce journal, fit avec distinction, comme commissaire ordinaire d'artillerie[1], la campagne de 1743 en Allemagne. Compris, l'année suivante, dans l'équipage d'artillerie de l'armée de la Moselle, il conduisit, au mois de mai, un important convoi de Metz à Courtray, par ordre du ministre de la guerre. Après avoir rejoint son corps à Metz, il en partit le 7 août et fit campagne, à l'armée du Roi, jusqu'au 23 novembre; il se trouvait à Strasbourg lorsque le comte

1. Un commissaire ordinaire touchait 1800 livres d'appointement; mais on retenait, sur cette somme, la capitation au 80e et le 10e denier au profit du roi; 3 deniers pour livre en faveur de l'hôtel royal des Invalides, et quatre deniers attribués aux trésoriers généraux et particuliers de l'artillerie. — Bibliothèque de l'Arsenal, ms. no 4570.

d'Eu, grand maître de l'artillerie de France, lui donna l'ordre d'accompagner à Donawert un convoi de poudre et de plomb : il quitta Strasbourg le 23 novembre et arriva à destination le 3 décembre. Au printemps de 1745, il revint sur le Necker avec l'armée du comte de Ségur, puis reprit son poste dans l'équipage d'artillerie de l'armée de Flandre, devant Tournay, le 16 juin ; il se trouva aux sièges d'Oudenarde, d'Ostende, de Nieuport et d'Ath. Il fit en Flandre toute la campagne de 1746 et prit part au siège de la citadelle d'Anvers et à celui des châteaux de Namur. Mis en résidence à Port-Louis en 1747, il fut promu au grade de commissaire provincial le 31 mars 1748 [1].

Suivant les conseils que le marquis de Quincy [2], lieutenant général d'artillerie, donne dans ses maximes, le chevalier de Malbez écrivait son journal : comment le carnet de poche [3] auquel il confia tout le

1. Voir l'état des officiers d'artillerie 1753, Bibl. de l'Arsenal, ms. nº 4422.

2. Traité particulier de pratiques et de maximes de l'art militaire, par Charles Sévin, marquis de Quincy, 1 vol. in-12.

3. Le carnet contient souvent des détails qui ne permettent pas de douter de sa parfaite authenticité :

le détail de sa vie, du 22 septembre 1742 au 11 décembre 1747, vint-il s'échouer, en octobre 1891, dans les casiers d'un bouquiniste à la foire de Bordeaux, je l'ignore absolument, mais, ayant eu la bonne fortune de mettre la main sur ce curieux manuscrit, l'idée m'est venue d'en extraire le récit de la campagne de 1743[1], sur laquelle le chevalier de Malbez donne des détails très précis et parfois inconnus : l'éditeur a scrupuleusement respecté le texte et même l'orthographe, quelquefois un peu fantaisiste, du commissaire d'artillerie, mais, comme le croquis de la bataille de Dettingen, dessiné à la hâte

le 23 mars 1744, le chevalier de Malbez prend pour son domestique le nommé Saint-Jacques, auquel il promet 75 livres de gages par an; le 11 décembre suivant, il donne à Donawert du linge à blanchir et a soin d'en prendre note.

1. Les catalogues de la Bibliothèque nationale ne mentionnent que deux monographies imprimées de cette campagne ; l'une intitulée : *Essai sur la campagne de M. le maréchal duc de Noailles en l'année 1743*, par M..., Utrech, de Hondt, 1745 (1 vol. in-12), semble à peu près dépourvue de tout intérêt historique ; l'autre, qui a pour titre : *Campagne de M. le maréchal de Noailles en Allemagne, l'an 1743*, Amsterdam, Rey 1761 (2 vol. in-12), a une très réelle valeur, mais c'est un recueil de pièces originales, lettres, rapports, états, etc., rangées suivant l'ordre chronologique.

par le chevalier, laissait un peu à désirer, on a préféré reproduire à la fin de ce volume, une fraction d'un plan conservé à la Bibliothèque nationale et signé Liébaut : ce document original est évidemment contemporain du manuscrit publié et le complète en donnant exactement l'état des forces de l'armée du maréchal de Noailles, qui se trouvent indiquées dans le plan du camp de Stockstadt[1] joint à celui de la bataille.

J. DU TEIL.

NOTA. — Pour ne pas surcharger ce volume de notes trop nombreuses, l'orthographe des noms propres de lieux est généralement rectifiée dans le texte même, en italiques, et les noms propres de personnes sont identifiés à la table onomastique.

Pour suivre cette campagne dans tous ses détails, il est utile d'avoir sous les yeux les cartes de l'état-major allemand, au 100.000e, édition de 1886, qui portent les numéros : 572, Landau ; 573, Karlsruhe ; 557, Neustadt ; 558, Mannheim ; 543, Kirchheimbolanden ; 544, Worms ; 545, Miltenberg ; 527, Darmstadt ; 528, Aschaffenburg ; 507, Francfurt et 508, Hanau ; — et les cartes de l'état-major français au 80.000e, numéros : 101, Mulhouse ; 86, Colmar ; 70, Lunéville ; 71, Strasbourg ; 53, Sarrebourg ; 54, Saverne ; 38, Wissembourg, et 39-55, Lauterbourg.

1. Voir pages 64, 65, 66 et 67.

JOURNAL

DU CHEVALIER DE MALBEZ

COMMISSAIRE D'ARTILLERIE

Il eſt party de Metz [1] le 24 avril 1743 deux brigades d'officiers d'artillerie avec douſe pièces de canon du calibre de quatre à la Suédoiſe [2], avec quinze caiſſons par brigade, deux affûts haut le pied, deux chariots d'outils, un chariot de poudre, trois chariots pour les équipages.

AVRIL

Deux brigades d'artillerie partent de Metz le 24.

1. Le Maréchal de Noailles qui devait commander sur le Rhin et sur le Main reçut ses instructions le 16 avril. — *Les guerres sous Louis XV*, Cte Pajol, t. II, Paris, Firmin-Didot, 1883, 1 vol. in-4.

2. Ces pièces avaient été introduites dans notre armement pendant la paix qui suivit la campagne de 1741 ; ce canon était attaché à chacun de nos bataillons. — L'artillerie nouvelle par N..., ci-devant Lieutenant au Corps royal d'Artillerie, Amsterdam, 1772, 1 vol. n-8.

De Metz à Spire *et Worms* :

Leur route de Metz à Worms.

de Metz à Château-Salin,	5 lieues
Inville, *Einville*,	5 »
Mezière,	5 »
Sarſbourg, *Sarrebourg*,	5 »
Alzace :	
Phalſebourg, *Phalsbourg*,	4 »
Hanovre :	
Hockfel, *Hochfelden*,	4 »
Haguenauw, *Haguenau*,	3 »
Hulſem, *Soultz*,	3 »
Viſſembourg, *Wissembourg*,	4 1/2
Alzace :	
Lantdau, *Landau* [1],	4 »
Palatinat du Rhin :	
Spire,	5 »
rivière le Rhin,	
Frankendhal, *Frankenthal*,	4 »
Worms [2],	5 »

1. *Note de l'auteur* : L'équipage d'artillerie eſt arrivé à Landau le 5 may pour l'armé du Rhein. J'ay vendu un cheval à Mr. Jaunay, officier pointeur, le 8 may à Landau la ſomme de 240 livres, ſur quoy j'ai été payé de celle de 144 l. ; il me doit encore celle de 96 l. ; à Landau le 9 may 1743.

2. *Note de l'auteur* : Mr. de Leſtang-Gerson, major,

MAY

Arrivés à Worms le 14 May 1743, nous y avons campé jusqu'au 29, que l'artillerie est partie pour Darmestald (*Darmstadt*). Le quartier général est arrivé à Worms venant de Spire le 18 (*16*) may; Mr. le Maréchal de Noailles, Mr. le duc de Chartres, Mr. le duc de Clermont, Mr. le duc de Penthièvre, le Prince de Dombes & Mr. le Comte d'Eu sont à Heydelberg; Mr. le prince de Dombes y commande vingt Battaillons & vingt Escadrons.

Elles arrivent à Worms le 14.

Le prince de Dombes à Heidelberg.

Il y a douse Battaillons d'infanterie & dix Escadrons de cavallerie qui ont passé le Neckre (*Necker*) pour aller en Bavière le 30 may 1743[1]. MMrs. les officiers généraux sont pour ce déttachement : Mr. de Ségurd, lieutenant général, Mr. le Chevalier d'Apché, maréchal de camp, Mr. de Vilemur, ydem, & quatre brigadiers qui sont les colonels des régiments qui marchent.

Mr. de Ségur passe le Necker le 30.

me doit d'argent pretté la somme de 48 livres; à Worms, 2 Juin 1743.

1. Ces troupes s'assemblèrent à Wimpfen sur le Necker d'où elles se portèrent à Donawert en 11 jours, 9 marches et 2 séjours, du 4 au 14 juin 1743. — *Campagne de Mr. le Maréchal de Noailles en Allemagne l'an 1743*, Rey, Amsterdam, 1761, 2 vol. in-12, t. I, p. 157.

Mr. de Montal paſſe le Rhin le 20.

Deux Brigades d'infanterie qui ſont Dauphin & Brancas & ſix eſcadrons de cavallerie, houſſards & dragons, commandés par Mr. de Montal, ont paſſé le Rhein[1] le 20 may, à une lieue de Worms; on a jetté le pont le 18.

JUIN

Paſſage du Rhin par l'armée le 4 & le 5.

Il eſt party deux Brigades d'artillerie le 4 Juin 1743[2] de Worms pour paſſer le Rhein à une lieue de cette ville & aller camper au Northem (*Nordheim*), où il y avoit déjà deux Brigades d'Infanterie, ſix Eſcadrons de cavalerie & deux régiments de houſſards.

Camp de Nordheim le 5.

Camp de Lorſch le 6.

Le 5 Juin le gros de l'armée, avec la maiſon du Roy, paſſa le Rhein pour venir camper à Norcthem où toute l'armée ſ'aſſembla, à quelques regiments près qui n'avoient pas joint à Worms. L'armée eſt partie le 6 pour camper depuis Biblis juſqu'à Lorche (*Lorsch*) où a reſté le quartier général une nuit. L'armée a reſté juſqu'au 8 au camp de Lorche; le 8 elle eſt partie pour aller camper à Zuin-

1. Brancas, 5 bataillons, et Dauphin, 6 bataillons, campèrent jusqu'au 5 Juin à Nordheim, avec Vintimille, 2 escadrons, et Brancas, 3 escadrons; — *Campagne de Mr. le Maréchal de Noailles*, t. I, p. 192.

2. *Note de l'auteur* : Les deux premières Brigades d'artillerie commandées par Mr. le Marquis de la Rocheaymond, lieutenant général des armées du roy et de l'artillerie, ont paſſé le Rhein le 4 juin, mardy.

genberg (*Zwingenberg*), d'où elle eſt partie le 10 pour aller camper à Pfungſtatt (*Pfungstadt*), où étoit le quartier général; la droite de l'armée étoit à Pfungſtatt & la gauche à Heyſteim (*Hähnlein*), où étoient le prince de Dombes & le comte d'Eu; l'armée en partit le 11[1] pour aller camper à Geraw ou Gros-Geraw (*Gross Gerau*).

Camp de Zwingenberg le 8.

Camp de Pfungſtadt le 10.

L'armée déboucha du camp de Pungſtatt par ſept (*six*) collonnes & marcha dans ceſt ordre juſqu'à une demie lieue de Darmeſthal (*Darmstadt*) où elle fit halte juſqu'à neuf heures du matin & à neuf & demi il eſt venu des ordres de M. le Maréchal de Noailles, qui avait marché en avant avec les princes juſqu'à Geraw, à deux lieues & demi du camp des Anglois, de faire marcher douſe piéces de canon, dont quatre du calibre de 12 & huit de 4, ſoixante-deux compagnies de Grenadiers, ſix cent cinquante chevaux de la maiſon du Roy, où étoit tout le carabinier

Diſpoſitions priſes le 11 pour attaquer les Anglois en deça du Main.

1. L'armée Anglo-Hanovrienne avait commencé à passer le Main le 3 juin sur deux ponts jetés près de Höchst; l'armée autrichienne en ayant fait autant le 9, le Maréchal de Noailles pensa qu'une action décisive allait avoir lieu. — *Campagne de Mr. le Maréchal de Noailles*, t. I, p. 209.

des Gardes du corps, quatre Brigades d'infanterie deux Efcadrons de cavallerie, un dettachement de deux cent carabiniers, pour aller fe faifir du pont que les Anglois avoient jeté sur le Main. Le detachement étoit commandé par Mr. de Gaffion. L'armée refte en panne près Darmefthal jufqu'à quatre heures du foir qu'elle reçut ordre de marcher & qu'on apprit que, lorfque le détachement étoit arrivé à la foret de Geraw, on vit que les Anglois avoient paffé le Main, & qu'il n'avoit refté dans leur camp que quelques vivandiers qu'on arrefta & que Mr. le Marechal renvoya tout de fuitte; on apprit, mais trop tard, que les Ennemis avoient commencé à repaffer le 10 à fix heures du foir & continué toute la nuit jufqu'à onze heures du matin que notre détachement y arriva; *il* f'en revint joindre l'armée à 7 heures du foir ainfy que l'artillerie. Mr. le duc de Chartre donna huit louix d'or à quelques vivandiers & Grenadiers des troupes angloises qui avoient refté dans leur camp pour les dédomager du pillage que leur avoient fait nos houffards.

L'armée Angloife eft campée de l'autre coté du Main, parallèlement à cette rivière, à deux lieues de Mayance. Notre armée eft campée dans la pleine de Geraw, la droite à un village (*Weiterstadt*), à une demi lieue de Darmesthal, & la gauche à une demi lieue au dessous de Geraw où est le quartier général. Les princes sont dans plusieurs villages à droite & à gauche de Geraw; on paye les fourages marché fait avec le prince Darmesthal à quatre livres dix sols par harpand; il est défendù sous peine de la vie de rien couper tant pour les fourages que pour les arbres, & de chasser dans les forets de ce prince.

Camp de Groff Geraw le 11.

La réserve que commandoit le prince de Dombes à Heydelberg (*Heidelberg*) a joint l'armée au camp de Zwingenberg le 8, avec le gros de l'artillerie commandée par Mr. de Valières, lieutenant général, & avec les deux Brigades détachées et commandées par Mr. de la Rocheaymont à Pfungstatt. Notre armée est postée vis-à-vis de la forêt de Geraw, laquelle forêt de sept lieues de long sur trois de large; il n'y a que cinq quarts de lieues de cette forêt au Main, lequel espace est une plaine qu'occupoient les Anglois avant de repasser cette riviere, de sorte que nous ne sommes qu'à quatre lieues de leur armée, ayant le Main entre deux.

La réserve rejoint l'armée le 8.

On comptoit que nous attaquerions les Anglois dans ce camp[1] ; toutes les dispositions étoient prises pour cela, puisqu'on avoit laissé tous les gros Equipages à Pfungstatt & qu'on n'avoit laissé suivre que le nécessaire comme mulets de charge. On avoit aussy donné ordre de charger tout le canon.

Notre armée est partie le 17 Juin du camp de Geraw à deux heures après minuit, a debouché de ce camp sur trois colonnes & est arrivée au camp de *Arheilgen* où nous avons campé jusqu'à minuit que nous sommes partis pour aller à Diihurg (*Dieburg*) le 18 au soir; de là l'armée est party le 19 à six heures du matin, toujours marchant sur trois colonnes, les princes aux divisions, & une 1re colonne sur la droite d'une foret sur l'electorat de Mayance, la 3e colonne sur la gauche de la même forêt; la 2e colonne[2] est partie à onze heures du soir le 18 & a passé au milieu de la forêt tenant la route de

Camp de Arheilgen le 17.

Camp de Dieburg le 18.

1. Le camp qu'ils étaient venus occuper en deça du Main.

2. Aux ordres de Mr. le duc de Gramont et composée des cinq bataillons des Gardes françaises, des cinq bataillons de la brigade de Noailles, de deux régiments de dragons et de deux de hussards; — *Campagne de Mr. le Maréchal de Noailles*, t. I, p. 217.

Aſchafenburg (*Aschaffenburg*), ayant à ſa tete les houſſards qui ſont arrivés à ſix heures du matin dans la pleine de Stockſtatt (*Stockstadt*) vis-à-vis d'Aſchafenburg.

Diſpoſitions priſes pour ſ'emparer d'Aſchaffenburg.

La colonne d'artillerie a ſuivi la même route & eſt arrivée au bout de la forêt à midi le 19. Mr. le Maréchal de Noailles étoit parti du camp de Alleheylingen (*Arheilgen*) le 19 au matin dans la diſpoſition de ſ'emparer de la ville d'Achaffenburg mais l'armée y eſt arrivée trop tard, puiſque les Anglois ſ'en étoient emparés le 19 (*17*) au matin.

Mr. de Berſigni, commandant les houſſards, trouva, en arrivant dans la pleine de Stockſtatt, un déttachement de l'armée ennemïe de ſix cents hommes de cavalerïe qu'il a attaqué à ſix heures du matin, ſur le bord du Main, près d'une cenſe, avec cinquante houſſards ſans tirer un coup de fuſil en faisant mettre le ſabre à la main à ſa troupe. Cette hardieſſe de ſa part a fait retirer les Anglois en déroute, & dans cette confuſion il y a eu deux cavaliers de pris, c'eſt-à-dire un cavalier & un dragon, avec leurs chevaux qui ont été menés au quartier general leſquels ſeront renvoyés à ce qu'on aſſure.

Les Anglois avoient paſſé le Main sur un

pont de pierre à Aſchafenburg au nombre de dix mille hommes[1] & tous repaſſé à l'approche de notre arniée, laquelle a reſté en pane vis-à-vis d'Aſchafenburg juſqu'à cinq heures du ſoir qu'elle a campé dans la pleine de Stockſſtatt, où eſt le quartier général & où eſt la gauche de notre armée & la droite appuyée à un village, à une demi lieue au deſſus de Aſchafenburg (*Gross-Ostheim*), l'artillerïe dans l'entredeux de la forêt. Toute l'armée partit le 19 (de *Dieburg*) ſans gros équipage, ce qui fit croire qu'on attaqueroit les ennemis, mais nous n'avons eu d'autre plaiſir que de voir défiler les Anglois de l'autre coté du Main où ils ſont campés ſur une ligne au bas d'un cautau, le long du Main, leur droite à Klenoſtheim (*Klein-Ostheim*) & leur gauche à Selureinheim (*Unter-Schweinheim*) de ſorte que les deux armées n'ont que le Main entre, rivière d'environ cent 20 toiſes de large. Les Anglois gardent le pont de Aſchafenburg avec 30 pièces de canon & défendent les endroits guéables; il nous ſera très difficile d'entreprendre de conſtruire des ponts ſur cette

Camp de Stockſtadt le 19.

Camp des Anglois près d'Aſchaffenburg.

1. Trois à quatre mille hommes d'infanterie et de deux mille chevaux; *Campagne de Mr. le Maréchal de Noailles*, t. I, p. 217.

rivière. Cependant ce fut le projet de Mr. le Maréchal, le 19 au ſoir, ayant commandé deux brigades d'artillerie avec douſe pièces de canon, une compagnie d'ouvriers & cent canoniers, avec quarante pontons de cuivre; mais ce détachement n'a pas eu lieu, car il reconnut que l'entrepriſe de conſtruire des ponts étoit hazardeuſe & preſque impoſſible, à moins d'engager toute l'armée pour les ſoutenir.

Aujourd'huy vingt, l'on a reconnu[1] les endroits pour pouvoir paſſer pour les couper & les empêcher d'aller en Bavière comme il paroit que c'eſt leur deſſein[2]. Il y a eu aujourd'huy quelques uns de nos dommeſtiques & fourageurs de tués ayant vouleu ſ'approcher trop du Main.

Le 22 Juin un déttachement de houſſards Un dét

1. M. le Maréchal envoya Mr. de Maillebois avec la brigade de Dauphin à Miltenberg : il devait garder les passages de Klingenberg, Wörth, Obernburg; *Campagne de Mr. le Maréchal de Noailles*, t. I, pp. 218 à 221.

2. Le comte de Sthair avait manifesté l'intention d'opérer sa jonction avec l'armée de la reine de Hongrie, aux ordres du Prince Charles de Lorraine; *Continuation de l'histoire d'Angleterre*, du Dr. Lingard, par Mr. de Marlès, 4e éd., Paris, Parent Desbarres, in-4, p. 238 et suivantes.

tachement de huſſards paſſe le Main le 22.

a paſſé le Main au nombre de 50 hommes & a pris, dans un village, à une portée de carabine du camp des Anglois, l'auditeur de la Reine d'Hongrie, avec ſon Equipage, conſiſtant à 7 chevaux, une chaiſe de poſte & trente & ſept ducats; il a été renvoyé le même jour à Aſchafenburg dans une chaiſe de Mr. le Maréchal, mais ſon Equipage a reſté entre les mains des houſſards, la priſe ayant été aprouvée bonne. Les mêmes houſſards du régiment desterazy ont enlevé trois dragons & un cornette avec armes & Bagages.

Le 22 Juin on a dettaché[1] du camp de Stockſtatt trois Brigades d'infanterïe, dont celle dauvergne, dorléans & de touraine, avec une Brigade d'artillerie commandée par Mr. Sancé, commiſſaire provincial d'artillerie, deux régiments d'houſſards, commandés par Mr. de Berſtigni, huit Eſcadrons de cavalerie & quelques piquets de grenadiers, le tout commandé par Mr. d'Eſtré, lieutenant général, pour ſ'emparer de Seligenſtatt[2] (*Seli-*

Priſe de Seligenſtadt le 22.

1. On détacha d'abord la brigade d'Orléans, Infanterie, et une brigade d'artillerie; les deux autres brigades d'Infanterie suivirent le 24, avec l'aile gauche de la 2e ligne de cavalerie; *Campagne de Mr. le Maréchal de Noailles*, t. I, p. 230 à 232.

2. Dès le 19 on avait envoyé de ce côté 400 hommes

genstadt), sur le bord du Main, à demi lieue de la droite de l'armée ennemie, où l'on a conſtruit deux ponts ſur des bateaux & chevallets. Le 1er pont fut jetté le 23 au matin, à la tête duquel on a élevé un retranchement qu'on a paliſſadé en partie.

Deux ponts ſont conſtruits à Seligenſtadt du 23 au 26.

Le 24 on a détaché du camp de Stockſtatt une ſeconde Brigade d'artillerie avec huit pièces de canon, commandée par Mr. de Vallière fils, qui eſt partie à onze heures du ſoir, jour de la ſaint Jean, pour aller à Seligenſtatt; on a détaché auſſy deux Brigades d'infanterie, avec les piquets de grenadiers, pour le même endroit, qui ont marché toute la nuit; nous ſommes arrivés le 25, à 4 heures du matin, à Seligenſtatt, où l'on a fait placer une Batterie de huit pièces de canon à la droite de cette ville, ſur le bord du Main, & une ſeconde du même nombre des pièces à la gauche. On a commencé d'y jeter un ſecond pont le 25 au ſoir, qui a été fini le 26; toute la maiſon du Roy a défilé le long du Main le 26, avec le gros de l'infanterïe et la cavalerie qui ont campé entre Stockſtatt & Seligenſtatt ſur le Main.

Camp de Seligenſtadt le 26.

d'infanterie et 100 dragons; — *Campagne de Mr. le Maréchal de Noailles*, t. I, p. 225.

Bataille de Dettingen le 27.

Le 27 Jeudy[1] on a battu la générale à 4 heures[2] du matin & à ſept heures la Brigade dauvergne a paſſé le pont avec celles de Touraine & dorléans & les deux Brigades d'artillerie avec ſeiſe pièces de canon; on a été s'emparer d'un village (*Gross Welzheim*), à un quart de lieue du pont, que les Ennemis ont abandonné à notre approche. Mr. le Marechal y est venu avec Mr. le duc de Chartre, Mr. le prince de Dombes, Mr. le comte d'Eu & Mr. le duc de Penthièvre, Mr. de Gramon, commandant des gardes francoiſes, & touts les ducs de l'armée; Mr. le Marechal a fait placer les piquets des grenadiers & la Brigade d'Auvergne à la tête du village & deux Batteries, l'une à la droite à la tête de la Brigade d'Auvergne, de 4 pièces, & l'autre à la gauche à la tête des grenadiers derriére une paliſade. Les carabiniers, dragons & la cavallerie Blanche en partie ont pris la

Occupation de Groſſ Welzheim.

1. *Titre de l'auteur :* Relation du choc donné le 27 Juin 1743 près d'Ostheim (Dettingen).

2. Les Anglais avaient décampé dans la nuit du 26 au 27, prenant la route de Hanau; le Maréchal de Noailles en fut averti à une heure du matin, et, après s'être assuré par lui-même du mouvement des ennemis, fit prendre aussitôt les dispositions de combat; Cte Pajol, p. 344.

gauche avec une colonne d'infanterie, le long d'un bois. On a marché ſur la gauche juſqu'au pied d'un cauteau avec la ſeconde Brigade d'artillerie de huit pieces; Mr. le Marechal, vers les 8 heures, a envoyé ordre à la Brigade dauvergne & aux piquets de marcher avec l'artillerie en avant juſqu'a un village (*Dettingen*), éloigné du premier d'un quar de lieue, où les Brigades dorléans & Touraine ont joint celle d'Auvergne. Ces Brigades ont marché ſur la gauche en collonne, l'artillerie à leur droite, près d'un bois, parallèlement juſqu'à la portée du canon de l'ennemi qui etoit en bataille. Une collonne d'Infanterie marchoit ſur la droite le long du Main, la maiſon du Roy et la cavallerie au centre, avec les grenadiers à cheval; l'on a fait placer une Batterie de 8 pièces à la droite, à la tête de la cavallerie, & une ſeconde du du même nombre des pieces à la gauche, à la tête des dragons & des Mouſquetaires; ces deux Batteries ont fait, ſur l'ennemi, pendant une heure, un feu continuel qui l'a beaucoup incommodé. L'on avoit placé une Batterie, de l'autre cotté du Main, de 40 pieces de canon, commandée par Mr. de Vallière, lieutenant général, qui le battoit en

Occupation de Dettingen.

Emplacement des batteries.

flanc, en ſorte qu'il avoit un ſeu terrible par le cotté, et deux feux de canon par-devant, leſquels feux le firent replier pluſieurs fois d'une facon que nous avons cru pendant un temps qu'il ſe retiroit du cotté d'Aſchafenburg[1].

Les ennemis ſe replient ſur Aſchaffenburg.

Le feu du canon a duré une heure & demy au centre de nos deux collonnes; vers les neuf heures & demy toute la cavallerie[2] ſ'eſt avancée en front de bandière, alors on fit retirer les deux Batteries en arrière, & les ennemis ſ'avancerent juſqu'à la portée du mouſquet en front de bandière, ayant leur gauche appuyée au Main & leur droite près la montagne ou cauteau, de ſorte que le terrain qu'ils occupoient n'avoit tout au plus qu'un quart de lieue d'etendue; ils ſ'étoient

Faux mouvement de la cavalerie.

1. Lorsqu'il écrivit ce passage, le soir même de la bataille sans doute, le chevalier de Malbez ignorait la prise d'Aschaffenburg par les nôtres dans la matinée du 27; il signale ce fait plus loin, page 23, lorsqu'il revient sur le récit de la journée en le complétant.

2. C'est le faux mouvement, exécuté par M. le duc de Gramont, qui fut la cause de notre défaite; le chevalier de Malbez en donne l'explication plus loin, p. 24. On voit que cette marche en avant eut pour résultat immédiat de faire cesser le feu de notre artillerie

repliés en arriére pour ſe metre en ordre de Battaille & marcher à nous ſe tenant toujours ſerrés. Quand l'armée ennemie a été à une portée de mouſquet de la notre, c'eſt-à-dire une partie, car nous n'avions pas plus d'un tiers de notre infanterie, il eſt ſorti une collonne de leur infanterie de dedans le Bois, que nous n'y ſcavions pas, & qui a croiſé tout d'un coup leur première ligne en criant « *Vive le Roy d'Angleterre* » qu'on dit y être en perſonne[1]; alors, vers les dix heures & demi, elle a fait une décharge de la droite à la gauche des plus belles & des mieux ſuivies, ſans un inſtant d'intervalle, ſur notre cavallerïe, enſuitte ſa ſeconde décharge a commancé de la gauche à la droite dans le même goût & une troiſieme de la droite à la gauche, ſans que notre infanterie ait tiré, ſuivant la coutume du François[2]; notre cavallerie a donné avec ſon feu de Mouſquetons, enſuitte l'infanterie, la Bayonnette au bout du

Les ennemis ſe reforment.

1. Georges II était arrivé à Aschaffenburg le 19 avec le duc de Cumberland, son second fils, et lord Carteret, son conseil intime ; il avait donné l'ordre de se retirer sur Hanau ; — *Continuation de l'histoire d'Angleterre*, p. 238.

2. Ce passage, écrit deux ans avant Fontenoy, est assez curieux.

fusil, a fait un feu terrible qui n'a point ébranlé l'ennemi du tout; à la feconde décharge des ennemis partie de la maison du Roy a pris l'épouvante & les gardes françoifes fe font jettés dans le Main & l'ont paflé, l'eau jufqu'à demi corps, de forte que, f'ils n'avoient pas rencontré un endroit qui n'étoit pas profond, il ne f'en échapoit pas un, ils fe feroient tous noyés [1].

Les Gardes françoifes lachent pied.

L'artillerïe f'eft trouvée envelopée près du pont du village d'Ostheine (*Dettingen*), où f'eft donné le choc, car on ne peut pas traiter celà de battaille, puifque nous n'avions par les deux tiers de notre armée; il a péri beaucoup de fuyards, étant tombés de cheval voulant pafler un marois que nous avions derière nous, où il n'y avoit que deux paffages, l'un dans le vilage & l'autre fur la gauche du même vilage; une partie de la cavallerie fuyarde f'y eft trouvée fi preffée qu'il y a péri beaucoup de monde & des chevaux. Nous avons fauvé toute notre artillerie dans la déroute & nous n'avons pas perdu la moindre pièce; La Brigade d'auvergne a pris

1. Ce qui valut aux Gardes Françaises le sobriquet de Canards du Main.

deux piéces de canon[1] aux ennemis, l'étant enfoncée au travers, la bayonnette au bout du fusil; on peut dire que l'infanterie, quoyqu'en petit nombre puisqu'il ni en avoit que sept brigades, a soutenu tout le feu des Ennémis & a fait des prodiges de valeur à son ordinaire; elle l'a si bien soutenu que nous nous sommes retirés en bon ordre. Le feu a duré depuis huit heures & demy jusqu'à trois heures du soir. Il y a eu partie de la maison du Roy & de la cavallerie qui s'est raliée derrière le vilage de *Dettingen* & a redonné avec valeur. Si les gardes francoises en avoient fait de même nous les aurions battu quoyqu'inférieurs. Notre artillerie de l'autre cotté du Main n'a pas discontinué de tirer pendant tout le combat ce qui leur a fait perdre beaucoup de monde & quantité de chevaux, leur cavallerïe ayant été abimée par notre canon : ils ont perdu beaucoup plus que nous.

L'armée françoise se retire.

Nous avons eu d'officiers généraux blessés Mr. le comte d'Eu[2], Mr. le duc d'Harcourt qui a reçu un coup de fusils à l'épolle gauche,

Officiers généraux blessés.

1. Une seulement, mais les ennemis en abandonnèrent deux sur le champ de bataille.

2. Mr. le Prince de Dombes fut aussi blessé, et Mr. le duc de Chartres eut un cheval tué sous lui.

Mr. le duc d'Ayuien qui a été froiſſé par les fuyards. Nos troupes ont eu repaſſé le Main à ſept heures du ſoir en bon ordre & ont repris leur même camp; nous ſommes toujour maîtres des ponts de Seligenſtatt, les ennémis n'ayant pas jugé à propos de nous ſuivre au-delà du champ de battaille ou choc d'Oſtheim. Mr. de Boufler lieutenant général a été bleſſé, beaucoup d'officiers des gardes du corps & des gardes françoiſes; pluſieurs colonels de tués, entr'autres Mr. le duc de Mortemart, et beaucoup de gardes du corps. La Brigade d'Auvergne, celles de Touraine, d'Orléans, & d'Eu y ont été écraſées; nous pouvons avoir perdu environ trois mile hommes [1], tant tués que bleſſées. Le général Sthair a fait dire à Mr. le Marechal de faire

Notre armée reprend ſon camp.

1. Six cents tués et douze cents blessés; Cte Pajol, p. 346. — Le Chevalier de Malbez cite encore, parmi les officiers généraux blessés, Mr. de Lamotte et, parmi les officiers de marque tués, le marquis de Fleury, colonel de Fleury, Cavalerie, le marquis de Sabran, colonel de Condé, Infanterie, et le marquis de Chavigny, colonel de Cambresis. Nous avons près de deux cents officiers blessés, ajoute-t-il en note, et beaucoup de tués. Le regiment de Rohan en a perdu 44, tant tués que blessés, Royal-la-Marine beaucoup et tous les Régiments qui ont donné à proportion.

enlever les bleſſés françois de deſſus le champ de battaille, le 28 au matin, ce qu'on a fait dans la journée. Les Anglois ont perdu beaucoup & ſur leur cavallerïe; ils n'ont pas fait enlever leurs corps morts le même jour ni leurs bleſſés, quoyque maîtres du champ de battaille [1].

L'armée Angloiſe va camper à Hanau le 28.

Aujourdhuy 28 Juin l'armée Angloiſe a décampé de ſon camp d'Aſchaffenburg & a défilé le long du Main vis a vis notre armée qui eſt campée à Seligenſtatt; elle marche du cotté de Frankfort; on a remarqué une choſe très particulière que les Ennémis, qui ont reſté maîtres du champ de battaille, ne ſ'en ſont pas aprochés & ſont retournés en arière où ils ont couché ſans camper; ils ont même abandonné leurs bleſſés ſur le champ de battaille ſans leur donner aucun ſecours depuis le 27 au ſoir à 3 heures que finit l'affaire juſqu'au 29 (*28*) au ſoir que nous

1. Les Anglais, épuisés de fatigue, quittèrent le champ de bataille avec tant de précipitation qu'ils abandonnèrent leurs blessés; le roi Georges comptait avec raison sur la magnanimité française, car les blessés de l'armée alliée reçurent tous les soins qu'exigeait leur état et furent traités avec une bienveillance qui fut franchement louée en Angleterre. — *Continuation de l'histoire d'Angleterre*, p. 239.

avons fait retirer tous les bleſſés qui avoient reſté de part et d'autre; les Anglois envoyèrent un détachement ſur le champ de battaille pour empêcher les pillards de depouiller les bleſſés le 27 & le retirent le 28; de ſorte que nous avons trouvé parmi nos bleſſés quantité des leurs, tant Annovriens qu'Autrichiens, Eſſois ou Anglois. Toute leur armée a décampé le 28 au matin à la hatte, ayant abandonné leurs tentes & partie de leur butin; ils ont défilé vis-à-vis de Seligenſtatt, à demi lieue du Main, déchargeant leurs armes en paſſant; toute leur armée a defilé à 8 heures du ſoir; ils ont été camper près d'Hannauv (*Hanau*), à 3 lieus de Frankfort. Ils ont perdu à cette affaire plus de deux mile chevaux tués par notre canon & près de deux mile hommes; nous avons perdu tant tués que bleſſés a peu près le même nombre d'hommes[1] & environ deux cent chevaux.

Pertes éprouvées de part & d'autre.

L'affaire auroit été complette & gagnée de notre cotté ſi on avoit ſuivi le projet de

1. Ce second chiffre se rapproche de celui que donne Mr. le Comte Pajol; le Chevalier de Malbez qui écrit au jour le jour rectifie souvent le lendemain ce qu'il avait précédemment avancé.

Projet du Maréchal de Noailles

Mr. le Marechal de Noailles qui étoit de faire canoner les ennemis par nos quarante pièces de canon qui étoient de l'autre cotté du Main qui les battoient en flanc & seise pièces de canon du cotté de l'attaque qui les battoient par devant, & de laisser les cinq Brigades d'infanterie qui avoient passé le Main, la cavallerïe & la Maison du Roy dans la premiere disposition, la droite apuyee au Main, & la gauche au bois qui est au pied de la montaigne, en dessa du vilage d'Ostheim (*Dettingen*), parce qu'on avoit entre les ennemis & nous le ruissau (*Forch Bach*) & le marais où il n'y a que trois sorties, l'une au pont dans le milieu du vilage de *Dettingen*, un gué sur la gauche du vilage & un troisieme passage près du bois sur notre gauche; il est certain qu'ils n'auroient pas resisté à cette disposition qui étoit trop avantageuse pour nous & qui auroit été trop funeste pour eux, se trouvant ressérés entre le Main & le bois & ayant le marais & le ruisseau à passer pour venir à nous; nos Batteries de canon se trouvoient placées sur une élévation qui reigne depuis le vilage jusqu'au bois, et quatre Brigades d'infenterie, qui devoient passer à Aschaffenburg dont nous nous étions emparés le 27 au matin ſans y trouver aucune reſiſtance de la part des Ennémis, ces quatre Brigades devoient les prendre par deriere, de ſorte qu'au vilage de *Dettingen* ils ſe trouvoient entre deux feux & certainement ils n'y auroient pas reſiſté ſuivant la mauvaiſe poſition où on les mettoit malgré eux; on remarquoit même dans leurs mouvements qu'ils cherchoient une retraite ſ'étant repliés trois fois du côté du bois pour éviter le feu du canon qui les abimoit.

Fauſſe manœuvre du duc de Gramont.

Mais Mr. le duc de Gramont, collonel des gardes francoiſes, voulant faire faire une action d'éclat à ſon regiment, conſeilla d'avancer & de paſſer le ruiſſeau & le marais; on ſ'avanſſa ſi bien que nous prismes la poſition que nous deſtinions à l'ennémi, ce qui fit voir à milord Sthair qui conneſoit le terrain, y ayant campé trois jours auparavant, que nous tombions dans l'embuſcade; etfectivement, ſi tot que nous eumes paſſé le ruiſſeau, il marcha à nous en ordre de battaille ſur une ligne; il avoit fait placer

1. Les Anglais se trouvaient pris dans un cul-de-sac où ils devaient périr ou se rendre ; telle fut, dit-on, l'opinion du roi de Prusse lorsqu'il eut connaissance de ces dispositions.

une Batterie de 8 pieces de canon, dans le Bois ſur notre gauche, qu'on ne voyait pas & qui tira ſur la Brigade de Touraine qui étoit à la gauche de celle d'Auvergne, entre deux bois; cette decharge & la ſortie d'une ſeconde ligne d'infenterie des ennémis qui etoit en embuſcade, à la gauche de celle de Touraine, criant *vive le Roy* ébranla ſi fort notre Infanterie à laquelle on defandit de tirer que la moitié des ſoldats mirent ventre à terre; la maiſon du Roy avec les gardes francoiſes donnèrent à la droite avec une vivacité ordinaire à cette troupe, mais eſſuyerent les plus furieuſes décharges des Ennémis qu'on ait jamais entendues, ce qui les fit plier & partie prit la fuite, gendarmes, mouſquetaires, chevaux légers, & partie de la cavallerie; la maiſon du roy ſe ralia derière le village & revint donner d'une ſi grande force qu'elle enfonça la premiere ligne des Ennémis; mais elle fut abandonnée & ne fut ſoutenue d'aucune infanterie, puiſque les gardes francaiſes abandonnèrent leurs drapeaux & leurs officiers & ſe jeterent dans le Main qu'ils paſſèrent caſi à la nage ſans qu'on put les arretter, car on tira deux coups de canon ſur eux; de ſorte que nous,

Conſéquences de ce mouvement.

nous batimes en retraite jufqu'au vilage de Dettingen & nous nous retirâmes en bon ordre & fans confufion; notre armée vint reprendre fon même camp.

Il eft certain que nous n'avions pas 15 mile hommes quand l'affaire f'eft engagée, puifque le refte de l'armée paffoit encore le Main, fur les deux ponts de Seligenftatt, à la retraite. On peut dire que cette faute nous a empechés de gagner une battaille complette.

Ordre de bataille du Maréchal.

Le projet & l'ordre de battaille de Mr. le Maréchal étoit des plus beaux & des mieux entendus, car, s'etant emparé d'Achaffenburg le 27 au matin, il devoit faire attaquer l'ariere garde des Ennemis avec la brigade des Irlandois & deux autres brigades d'infanterie & les attandre fur le ridau avec fon armée qui auroit eu le temps de f'affambler pres le vilage de Dettingen, apuyant la droite au Main, la gauche à la montagne[1].

L'armée françoise a décampé de Seligen-

1. En Angleterre, lors de l'ouverture de la session du Parlement, on remarqua que le corps municipal évita de parler de Dettingen : en général on ne regardait cette victoire que comme un heureux hasard qui avait sauvé l'armée et les membres de l'opposition ne la désignaient pas autrement. *Continuation de l'histoire d'Angleterre*, p. 239.

JUILLET

ſtatt le 2 Juillet pour aller camper à Steinheim, la droite au vilage de *Hainstadt* (*au Main*) & la gauche au vilage de Hauſenander (*Hausen*) ſur deux lignes. L'armée angloiſe eſt partie le 28 & 29 Juin du camp de Achaffenburg pour aller camper au-deſſous de Hanau, leur gauche apuyée à cette vile & leur droite au vilage de Buſcheim (*Fechenheim*). Nous avons un detachement de 1500 hommes, grenadiers ou cavallerïe avec les houſſards commandés par Mr. de Berchigni, au vilage de *Mühlheim*.

Camp de Steinheim le 2.

On a détaché de l'armée le 5 (*8*) Juillet trois Brigades d'Infanterie, celles du Roy, du Dauphin & celle des Irlandois, les carabiniers, un des dragons commandés par Mr. le duc de Chevreuse, un dettachement de cavallerïe, les houſſards commandés par Mr. de Berchigny, avec trois Brigades d'artillerie (avec vingt pièces de canon dont 16 du calibre de 4 & 4 du calibre de 12), pour le vilage de Birgel (*Bürgel* sur le Main) ; nous ſommes arrivés à trois heures du matin à Birgel où l'on croyoit que les Anglois vouloient jetter un pont pour comuniquer à une île, vis à vis Birgel, où les Ennémis ont un poſte de 1200 hommes.

Détachement à Bürgel.

Mr. le prince de Dombes commande à

Ofenbach (*Offenbach*) où est Mr. le duc de Penthievre; Mr. de Montal, lieutenant-general, commande à Birgel; la droite de notre camp de Birgel eſt à Hauſenander, la gauche à *Bieber* bordant un bois; nous avons un poſte à Ofenbach de 1500 hommes.

Les Anglois ont recu un ranfort de ſix mile heſſois le 2 Juillet.

Le vilage de Birgel eſt éloigné de Franckfort d'une lieue & demi, de Steinheim de deux lieues. Notre armée a décampé de Steinheim le 12 Juillet pour aller camper à Imhein (*Dreieichenhain*) prenant la route de Worms [1],

L'armée prend la route de Worms le 12.

le 13 à Graffenhauſen (*Gräfenhausen*),
le 14 à Pfungſtatt,
le 15 à Groſ Koreim, (*Gross Rhorheim*),
le 16 à Worms.

Paſſage du Rhin le 16 & le 17.

Le 16 il n'y a eu que l'artillerie qui a paſſé le Rhein avec la Brigade de Brancas commandée par Mr. de Puiſſegure, la Brigade des Irllendois commandée par milord Çlart, le régiment deſterafi houſſards. Les Gardes

1. Ce mouvement de retraite, destiné à couvrir l'Alsace et le pays Messin, était causé par la marche du Prince Charles avec 40.000 hommes et l'arrivée de 20.000 hommes de troupes hollandaises.

ſuiſſes ont toujour gardé le pont du Rhein[1]. L'armée de Mr. de Broglie a paſſé le Rhein à Spire le 8 Juillet venant de Bavière[2]; elle eſt campée dans le Spireback (*Speyer Bach*) depuis le 9. Les Pandoures de la reine d'Hongrie[3] ſont campés au camp de Lorche à trois lieues de Worms. L'artillerie eſt partie de Biblis le 15 à minuit & eſt arivée au pont du Rhein à 3 heures du matin le 16.

Les Pandours à Lorſch.

L'armée angloiſe a reſté dans son camp de Hanau : les Anglois n'ont fait aucun mouvement quand notre armée eſt partie pour repaſſer le Rhin. Notre armée a repaſſé le Rhin le 17 Juillet; elle a campé ſous Worms, la droite au vilage apelé Aliderſheim (*Littersheimer Hof*), la gauche à Heverſheim (*Herrnsheim*) où eſt logé Mr. le Maréchal de Noailles dans un chateau apartenant à Mr. le Baron d'Albert; Mgr le prince de Comti eſt venu voir Mr. le Maréchal le 18, & Mr. le comte

Camp de Worms le 17.

1. Depuis le 5 Juin, sous les ordres de Mr. de Diesbach, maréchal de camp.

2. Le 9 Juillet le Maréchal de Broglie arriva à Wimpfen, sur le Necker et remit le commandement de son armée au Comte de Saxe.

3. Sous les ordres du Baron de Trenck, ils remontèrent le cours du Rhin sur la rive droite et tentèrent à plusieurs reprises le passage du fleuve.

de Saxe eſt venu à Spire le 19; il a eu une longue conférence avec Mr. le Maréchal. Le pont de Worms a été jetté le 2 Juin à *Rhein Dürkheim*, à une lieue & demi de Worms, par Mr. Constan, capitaine d'ouvriers; il étoit compoſé de 57 bataux de 12 pieds de large, les intervales de 10 pieds; ce qui fait pour les intervales des Bataux 550 pieds, et pour la largeur des Bataux 684 pieds; les avant buts de ſix toiſes ſur des chevalets; toute la largeur du pont etoit de 230 toiſes 4 pieds & 12 toiſes d'avant buts, ce qui fait en tout 242 toiſes 4 pieds. On a replié le pont le 18 Juillet & on a fait porter les Batteaux ſur des haquets à Strasbourg.

Le pont de Rhein-durkheim eſt replié le 18.

Levée du camp de Spire, armée de Bavière, le 20.

L'artillerie de l'armée de Bavière commandée par Mr. de Malezieux eſt partie de Spire le 20 Juillet pour Straſbourg.

Il eſt party du camp de Spire le 28 trois Brigades d'Infanterie, celle des gardes francoiſes, celle de Dauphin & celle des gardes ſuiſſes, ſix eſcadrons de cavallerïe, une brigade d'artillerie, avec ſix pieces de canon, pour aller dans les lignes de Lauterbourg ſous les ordres de Mgr le comte de Clermont. Le 29 il eſt party du même camp les dragons de Beaufremont, d'Arcourt & de

Chérésy pour les mêmes lignes, Sthenay & Sédant. Le pont de Spire composé de 67 batteaux a été replié le 26 au matin; les Croattes de la reine d'Hongrie ont tiré 304 coups de fusils sur notre dettachement de 600 hommes qui gardoient les retranchements du pont. Il est party le 30 Juillet du camp de Spire cinq Brigades d'Infanterie, celles de le Roy, Piémont, la Marine, Brancas & celle d'Eu, sous les ordres du Prince de Comty, pour Landau. Le duc de Chartre est party le 29 avec Mr. le duc de Penthièvre; le prince de Dombes est party le 29 aussy, avec les carabiniers, pour aller à Saverne.

Le Pont de Spire est replié le 26.

Le 29 un capitaine d'une compagnie de chasseurs, avec vingt hommes, a chassé 70 croattes qui etoient retranchés dans une ile sur le Rhien à une lieue de Spire; les chasseurs en ont pris un qu'on a conduit à la prévoté à Spire.

Le 28 Juillet une troupe de Croattes de la reine d'Hongrie qui etoient postés sur le Rhein depuis Worms jusqu'à Spire nous a enlevé un convoy de 1500 setiés de farine qui étoient chargés sur neuf battaux remontant le Rhein de Worms à Spire; le convoy étoit escorté par 40 grenadiers du régiment

Les Pandours enlèvent un convoi sur le Rhin le 28.

d'Alzace, un capitaine & un lieutenant. Les Croattes ont menafé nos grenadiers de leur tirer une bordée de canon; le capitaine n'a pas jugé a propos de l'effuyer & au lieu de regagner fon bord il f'eft rangé à l'autre; il y a eu 26 grenadiers de pris ou tués, 14 fe font fauvés, les neuf battaux ont été pris avec la charge.

Le prince de Darmftadt vend fon régiment.

Le prince Darmefchtatt (*Darmstadt*) a eu ordre de la part de l'empereur de fe deffaire de fon régiment de royal allemant au fervice de France; il f'en eft deffait en faveur du prince de Deux-Ponts fous condition de donner 100 000 l. au lieutenant colonel du dit régiment.

Le 30 Juillet Mr. le duc de Duras a été dettaché avec 300 hommes pour aller à Neufchtat (*Neustadt*) près de Landau. La nuit 30 au 31 Juillet il y a eu une efcarmouche entre les Pandours Croattes de la Reine d'Hongrie et nos houffards à demi lieue de Spire fur les bords du Rhein.

Il eft party du camp de Spire le 31 Juillet la Brigade du parc d'artillerie avec 8 pièces de canon pour aller fous Viffeimbourg[1];

1. Mr. de Moncam, brigadier, y fut nommé commandant.

une seconde Brigade est partie le même jour avec 8 pieces de canon. La nuit du 4 au 5 août Mr. le Marechal a détaché 20 compagnies de grenadiers sous les ordres de Mr. le Comte de Baviere pour Gernsheim (*Germersheim*), à deux lieues de Spire, dans la petite Hollande, ou Spirebach. Mr. le Marechal est reveneu de Landau où il avoits été pour visiter cette place, faire réparer le fortifications, remetre les palissades & y faire ramplir les magazins.

Le Prince Charles dans le Brisgaw.

Le prince Charles est dans le Briscauts[1] (*Brisgaw*), avec son armée, à trois lieux de Strasbourg; il a fait demander un passeport à Mr. le Maréchal de Noailles pour aller voir Madame sa mère[2] à Heinville (*Einville*), en Loraine, lequel luy a été refusé le 3 *Août* 1743.

L'armée françoise sur les lignes de la Queich le 26.

L'armée francoise est campée depuis le 26 dans le Spirebach, la gauche entre le Rhin et Spire, la droite s'étend jusqu'à Landau, Lauterbourg, Gernesheim (*Germersheim*),

1. Il se rendait de Rastatt au Vieux Brisach par Stollhofen, Lichtenau, Willstett et Ettenheim; laissant son armée à Willstett il vint jusqu'à Kehl.

2. Elisabeth-Charlotte d'Orléans, veuve du duc Léopold.

Neufchtatt & Saverne; la maifon du Roy à Falffebourg & Aguenau, les dragons à Stenay; les regimens de Noailles, Comti, Lamarche, Enault, Auvergne, Condé & Artois, formant deux brigades, couvrent le quartier général de Spire fur la droite, la brigade de Rohan, Orléans, Touraine fur la gauche, la cavallerie entre ces Brigades.

AOUT

Le prince Charles à Kehl le 5.

Il eft mort 30 officiers des gardes françoifes de leur bleffures de la bataille de Dettingen. Le 5 *Août* Mr. le Comte de Saxe a eu une longue conférence avec Mr. le Marechal de Noailles à Spire fur le mouvement de l'armée du prince Charles qui eft à Kel (*Kehl*). Les Anglois ont envoyé 400 hommes à Oppenheim qu'ils gardent[1].

Les Pandours tentent le paffage du Rhin le 6.

Les Croattes de la reine d'Hongrie au nombre de deux cents ont tenté de paffer le Rhein entre Philifbourg (*Philippsburg*) & Spire le 6 *Août*, pour aller piller les vilages fur notre bord; ils ont été repouffés par nos grandgardes & fe font retirés; il y a eu

1. Déjà le bruit du passage du Rhin, par les Anglais, à Biebrich, au Nord de Mayence, avait couru à deux reprises dans le camp français comme le prouvent deux passages du journal, raturés par l'auteur quand il connut l'inexactitude de ces nouvelles.

quelques coup de fusils de tiré de part & d'autre sans aucun effet; les croattes ont cependant pris quelques beufs qui étoient en pature.

Détachement pour Haguenau & Schweighausen le 12.

Il est party le 12 Aouts du camp de Spire[1] la Brigade d'infanterie de Noailles, le régiment de Monain suisses, & l'artillerie pour Landau, le 13 sous Wissenbourg, le 14 à Haggenau, avec le régiment du Roy & Bearn, jusqu'à nouvel ordre, l'artillerie à Schveichausen (*Schweighausen*), trois Brigades d'artillerie à *Lauterbourg* où commande Mr. le Cte de Clermont. La maison du Roy est partie le 16 pour la Haute Alzace; le régiment du Roy est party de Haguenauw le 17 pour Strasbourg.

L'armée angloise passe le Rhin le 10.

L'armée angloise a passé le Rhein le.....[2] à Coblents.

Mr. le comte de Clermont est arrivé à Haguenaw le 15 aoust avec sa réserve; les carabiniers sont partis de Scaverne le 17 pour la haute Alzace sous les ordres de Mr. le prince de Dombes qui a pris son quartier à Strasbourg à l'arcénalt où est aussy le comte

1. Où commandait le comte de Saxe.

2. Le 10 août à Mayence; la cavalerie passa le fleuve le 11, à Biebrich; — Cte Pajol, p. 355.

Le prince de Dombes à Strafbourg.

Incendie dans cette ville le 17.

d'Eu : Le Prince de Dombes avec fa referve eft à l'armée du Comte de Saxe dans la haute Alzace. Le 17 de Août le feu a pris à un magazin de fourage à Strafbourg ; le feu a duré jufqu'au 22, fans qu'on en ait peu conferver la moindre chofe ; le magafin étoit de deux cent mile trois cent foixante fept raffions de foin. On a arretté à Strafbourg, le même jour que le feu prit à ce magazin, une efpece de jeograffe qui etoit muni du plan de Thionville, de Montmidy (*Montmédy*), Lonthouij (*Longwy*) & Strafbourg. On acufe ceft homme d'avoir donné des avis au prince Charles, de luy avoir comuniqué fes plans, & d'avoir fait metre le feu à ce magazin ; il fe dit de Manheim ; il eft dans les prifons de Strafbourg, gardé tres etroitement.

Le 27 Aoûft Mr. le Marechal de Noailles a fait partir huit officiers d'Artillerie avec un commandant pour Strafbourg, y chercher trente piéces de canon avec quinze caiffons de muniffions ; nous fommes party de Strafbourg le 30 pour joindre l'artillerie, le 30 à Drafnheim (*Drusenheim*), le 31 à Beynheim (*Beinheim*). Le 1er feptembre nous fommes arrivés à *Ottersheim* où l'artillerie eft parquée ; il y a quatre vingt fix pieces de canon.

Toute l'armée eſt campée[1] depuis Landau juſqu'à Germerſheim là où eſt la droite & la gauche à Landau ſur la rivière de la Queich; on y fait des lignes, des abatis; le quamp eſt couvert d'une forêts. Entre cette foreſt & l'armée il y a la riviere de la Queich & un large marais, remply de navilles ou larges foces remplies d'eau; l'artillerie doit être diviſée en trois parties, 24 pieces de canon à la gauche qui formeront deux Brigades commandées par Mr. Duc Granier, trois Brigades à la droite, près Bellen (*Bellheim*), de 10 pieces chacune, faisant trente pièces, ſous les ordres de Mr. de Bailly, Brigadier des armées; trois Brigades, au centre où eſt le parc, composées de 32 pieces, dont quatre de 12, commandées par Mr. de Vallière fils, lieutenant d'artillerie, Mr. de Vallière père, lieutenant général des armées, commandant en chef le tout avec Mr. de la Rocheaymond, lieutenant général des armées. Le quartier général de notre armée eſt à Merstem (*Moerzheim*), près Landau.

Travaux ſur les lignes de la Queich.

Les houſſards Autrichiens nous ont pris ou tué cent cinquante hommes le 16 (*15*)

1. Depuis le 31 août; *Campagne de Mr. le Maréchal de Noailles*, t. II, p. 104.

SEPTEMBRE

Escarmouche entre des fourrageurs et les Autrichiens le 16.

ſeptembre, à un fourage près du Château de *Kerviler* où nous avons un poſte de 400 hommes. Le commandant, Mr. la Broſſe, capitaine au Régiment de Touraine, envoya le ſeiſe au matin un dettachement composé d'une compagnie franche, d'un corps de dragons de Beaufremont, du piquet de Touraine & un de Rohan, avec cinquante chariots de paysans. Les houſſards ennémis au nombre de 900 tombèrent ſur les fourageurs & les mirent en deroute; la compagnie tranche a laché le pied & ſ'eſt ſauvée par des ſentiers pour regagner le château, le capitaine de cette compagnie y a été pris, le piquet de Touraine y a été fait priſonnier & tout déſarmé. Les houſſards, croyant faire de même de tout le détachement, ont ſondu ſur celuy des dragons qui les ont attendus de bonne grâce & ſe ſont defendus en retraite toujour en Eſcadrons & ont regagné le Chattau. Le piquet de Rohan qui avait reſté aux chariots a été attaqué, mais il ſ'eſt vigoureuſement deffendu, cepandant il a ſucombé au nombre ſupérieur; il y a eu deux officiers de Rohant bleſſés, l'un de trois coups de fuſils au travers du corps, lequel malgré ſes trois bleſſures a tiré a l'ennémi plus de vingt coups de fuſils & ſ'eſt retiré en aſſez bon ordre, ſon nom eſt Mr. de Fontaine, lieutenant; l'autre qui n'a qu'une légère bleſſure ſ'appelle Mr. du Vignau, auſſy lieutenant; ils ont été portés touts les deux au vilage d'Ottersheim le 17[1].

Lettre du Marechal de Coigny le 19.

Mr. le Marechal de Coygny a écrit le 19 ſeptembre à Mr. le Marechal de Noailles qu'il etoit impoſſible d'empêcher le prince Charles[2] de paſſer le Rhin à l'ile de Reygnac, ſ'étant emparé de ceſte ille & n'ayant qu'un petit bras du fleuve à paſſer, ſur quoy Mr. le Marechal de Noailles a tenu un conſeil de guerre ſur le champ à Merken, quartier général, où il a été décidé que l'armée decamperoit du camp de Merčten & abandonneroit les lignes de la Queich; l'ordre a été donné en même temps de quiter les

1. L'état des pertes subies par ce détachement est donné dans la *Campagne de Mr. le Maréchal de Noailles*, t. II, p. 166.

2. Le prince Charles était arrivé à Muntzingen le 15 août; dès le 4 septembre les Autrichiens s'étaient emparés de l'île de Reynac (*Rheinau?*) et 3.000 grenadiers parvinrent jusqu'à Rheinweiler, mais furent rejetés sur la rive droite par Mr. de Balincourt; une troisième tentative de passage fut faite le 30. Cte Pajol, pp. 356, 357, 365; plus bas, p. 46.

travaux de ces lignes & que les gros équipages de l'armée partiroient le 20 au point du jour & prendroient la route de Viſſeinbourg, & l'armée le 21 pour les lignes de Lauterbourg. L'artillerie a eu ordre de partir le 20 pour Lauterbourg, & en même temps contre-ordre pour le 21.

Les Hollandois paſſent le Rhin le 20.

Mr. le Marechal a eu avis le 19 que la dernière diviſion des Hollandois arrivoit à Noſtheim (*Nordheim*) & que le 20 ils devoient paſſer le Rhien à Rhindurkeim pour joindre l'armée angloiſe à Worms ce qui a occaſionné le mouvement de notre armée.

L'armée quitte les lignes de la Queich pour celles de la Lauter le 22.

Le 22 l'armée eſt partie du camp de Merken ſur trois collonnes, la droite à Lauterbourg, la gauche à Viſſeinbourg pour occuper les lignes de la Loutre (*Lauter*), depuis Lauterbourg juſqu'à Viſſeinbourg où eſt la gauche de l'armée & le quartier général avec ſix pièces de canon à la Suédoiſe; le gros de l'artillerie eſt à Lauterbourg.

Mr. le comte de Clermont eſt à la droite avec Mr. le duc de Penthièvre; Mr. le duc de Chartres au centre avec Mr. le prince de Dombes; la diviſion de la gauche a été ſous les ordres du prince de Pont. Le 20 la maiſon du Roy[1] a quitté les quartiers d'Aguenauv & Viſſeinbourg pour la haute Alzaſſe.

Garniſon de Landau.

La garniſon deſtinée à deffendre Landau eſt entrée dans cette place le 21 & 22 au nombre de dix battaillons de milices. Les travaux de cette place ont été achevés le 22 ſeptembre, jour du départ de l'armée pour les lignes de la Loutre, & l'aprovisionnement fait à peu de choſe près; c'eſt Mr. de Lutaut lieutenant général qui commande dans la place & Mr. du Pas y commande l'artillerie, ayant dix neuf officiers d'artillerie ſous ſes ordres.

L'armée à Haguenau le 26.

L'armée eſt partie des lignes de Lauterbourg le 26 ſeptembre pour aller occuper les camps de Aguenauv & de Ropenheim (*Roppenheim*) & le 27 arrivèrent à Draſnheim les Brigades des gardes francoiſes & Gardes ſuiſſes, avec l'artillerie qui a été diviſée; deux Brigades avec 20 pièces de canon sont au centre des lignes de la Loutre, entre Viſſeinbourg & Lauterbourg, trente pieces ont été ramenées à Strasbourg le 27. La Brigade de

1. Elle se porta au secours du Maréchal de Coigny qu'elle rejoignit le 27 à Marckolsheim; Cte Pajol, p. 365.

Touraine (*Brancas*) a pris la route de Biche[1] (*Bitche*) le 26; le quartier général eſt à Aguenaw depuis le 26; les Carabiniers & la Brigade de Touraine ſont revenus ſur la Loutre le 29 ſeptembre ſous les ordres de Mr. le Comte de Saxe.

Mouvement ſur les lignes de la Lauter le 29.

Mr. le Marechal de Noailles a reçu ordre de la cour de garder les lignes de Lauterbourg & de ne point évaquer cette place.

Le prince Charles fait tenter le paſſage du Rhin le 30.

Le trante ſeptembre le prince Charles fit une tentative pour paſſer le Rhin avec ſeze barques crennelées ſur leſquelles Mr. Phélippe fit tirer trop tot ce qui leur donna le temps de ſe retirer ſans perte.

OCTOBRE

Les ennemis entre Spire & la Queich.

L'armée Angloiſe eſt campée dans le Spirebach entre la Queich & Spire, sa gauche au Rhin & sa droite près Landau, les hollandois à Spire; le roy d'Angleterre eſt à Sellingem (*Schwegenheim?*) depuis le 1er octobre. Le 2 octobre la communication de Landau eſt coupée, les ennémis ayant un poste à Bilikum (*Billigheim*), autrement au Pelicant, à deux lieux de Landau tirant ſur Viſ-

1. Mr. de Berchiny se porta aussi sur la Sarre, de ce côté; ces mouvements hâtèrent le départ du roi d'Angleterre qui craignit de se trouver enveloppé encore une fois comme il l'avait été à Dettingen.

ſeimbourg. L'armée ennémie est partie le 10 octobre de Spireback pour la Rheüt (*Reh Bach*), le 10 de la Rheüt pour Frankandal (*Frankenthal*), le 22 de Frankandal pour Worms où elle a ſejourné juſqu'au 16, qu'elle eſt partie pour paſſer le Rhin à Bibrie (*Biebrich*). Les hanouvriens vont prendre leur quartier d'hyvert dans l'électorat d'Hannovre, les Heſſois vont dans le pays de Heſſe, les Hollandois dans le duché de Bergue et Juilliers, les Autrichiens dans le Luxembourg & les Anglois en Flandre prendre les mêmes quartiers qu'ils ont occupés l'année dernière.

Ils prennent la route de Worms le 10,

& leurs quartiers d'hiver le 16.

L'armée françoiſe a commencé à défiller du cotté de Metz le 16 octobre; les gardes francoiſes ſont partis avec les gardes ſuiſſes de Drusnheim le 16, 17 & 18 pour Metz & Verdun où ils doivent recevoir de nouvaux ordres. Mr. le comte de Saxe, commandant ſur les lignes de la Loutre vingt Battaillons & quarante Eſcadrons, a joint l'armée à Aguenau le 17, 18 & 19, & de là l'armée partira tout de ſuite pour Metz. L'artillerie des lignes de la Loutre a joint le 18 à Druſnheim.

Notre armée défile ſur Metz à partir du 16.

Le prince Charles prend ſes quartiers d'hyvert du cotté de Fribourg.

Quartiers d'hiver du Prince Charles.

Le Maréchal de Coigny l'obſerve.

Mr. le Marechal de Coigny a reſté avec ſon armée dans l'Alzaſſe pour obſerver le prince Charles. On répare les lignes de la Loutre, on y fait dix-huit écluſes, on a paliſſadé et muni de tout Lauterbourg; Druſnheim, poſte entre Straſbourg & le Fort-Louis, a été paliſſadé & ſes fortifications relevées : c'eſt un poſte très important pour la communication du Fort-Louis; on y a laiſſé trois cents hommes de garniſon.

Travaux ſur la Lauter.

Les vingt pieces de canon qui avoient reſté aux lignes de Lauterbourg ont joint l'artillerie à Druſnheim le 18 octobre, avec les trois Brigades d'officiers d'artillerie qui étoient ſous les ordres de Mr. de Valière, fils.

Le Maréchal de Noailles va à Straſbourg le 21.

L'armée de Mr. le Marechal de Noailles campée ſous Aguenau eſt partie le 18, 19, 21 pour Metz; le quartier général en eſt parti le 21 octobre pour Straſbourg où Mr. le Marechal eſt allé pour prendre les arrangements pou rles camptonements de Flandre. Mr. de Valière, lieutenant general, commandant l'artillerie en chef, eſt party de Druſnheim le 22 pour Straſbourg pour y conférer avec Mr. le Maréchal pour ce qui regarde l'artillerie pour la Flandre. L'artillerie eſt partie de Druſnheim le 24 octobre pour Metz, paſſant par Chilii (*Schilligheim?*), Nancy, Lunéville, Pont-à-Mousson & Metz. Les princes du ſang ſont partis de l'armée le 21 octobre pour la cour; c'étoit Mr. le duc de Chartre, Mr. le comte de Clermont, Mr. le duc de Penthievre, Mr. le prince de Dombes.

L'artillerie part pour Metz le 24,

Les officiers d'artillerie qui avoient été mis dans Landau le 22 ſeptembre en ſont partis par ordre le 21 octobre pour joindre l'équipage d'artillerie à Straſbourg.

Le prince Charles a évaqué l'iſle de Reygnac la nuit du 18 au 19 & en a fait retirer ſon canon, enſuite il a fait mettre le feu à ſes retranchements.

L'équipage d'artillerie eſt arrivé à Metz le 3 novembre & a été liſſencié le 11 novembre.

& y arrive le 3 novembre.

Route de l'artillerie partant du camp de Drusenheim le 24 octobre 1743 pour Metz.

Le 24 à Chilick (*Schilligheim*) à une lieue de Straſbourg,	5 lieus.
le 25 à Vildem (*Wintzenheim?*),	5
le 26 à Hommartin (*Hommarting*),	6
le 27 à Herningue (*Hertzing*) où elle a ſéjour le 28,	5

le 29 à Blamont, 5
le 30 à Bausemont (*Bauzemont*), 5
le 31 à Nancy où elle a séjour le 1r. 5
le 2 à Pont à Mousson, 3
le 3 à Metz[1]. 5

1. Le Chevalier de Malbez partit de Metz le 7 décembre pour aller en résidence à Thionville qu'il quitta le 18 mars 1744 afin de rejoindre l'équipage d'artillerie de l'armée de la Moselle, détaché de celu de Flandre.

Decompte du pain pendant la campagne d'Allemagne en 1743.

Nous avons le pain de munition depuis le 1er d'avril pour moy ſept raſſions et demi : 7 1/2

Je ſuis party de Douay le 9 avril pour Metz & de Metz le 24 pour Landau, & de Landau à Spire, pour paſſer le Rhein.

On a commancé a donner le pain à Spire le 10e may : 2 r.

Spire le 11, pour quatre jours juſqu'au 15 : 8

J'ay pris le pain à Worms le 18 pour quatre jours : 8

le 24 pour quatre jours : 8

le 28 pain pour quatre jours, huit raſſions : 8

le premier Juin, pain pour quatre jours deux raſſions par jour : 8

le 5 à Nhordem (*Nordheim*) & à Bibblis, pour ſix jours : 12

le 11, pour quatre jours : 8

le 15, pour quatre jours : 8

le 19 à Stockſtatt pour quatre jours : 8
le pain eſt deu du 26 Juin :

Jay receu le 22, pour quatre jours, huit raſſions, cy : 8

On a donné le pain le 28 Juin pour deux jours qui etoient deu à trois raſtions par jour, fait cy : 6

On a donné le pain à Seligenſtatt le 29 pour deux jours à trois raſtions par jour, fait cy : 6

On l'a donné le 1er juillet pour quatre jours à Steinheim : 8

On a donné le pain le 5 pour quatre jours fait raſſions : 8

On a donné le pain à Steinheim le 9 Juillet pour quatre jours fait raſſions : 8
et quatre de plus : 4 — 12

On a donné le pain le 13 pour deux jours fait raſſions : 4

On la donné à Worms le 16 pour quatre jours raſſions : 8
on m'en a donné quatre de plus : 4 — 12

On a donné le pain le 20 Juillet à Worms pour quatre jours a trois raſſions, fait raſſions : 12

On a donné le pain le 22 juillet

pour quatre jours a trois raſſions par jour, fait raſſions : 12

Le 27 Juillet on a donné le pain à Spire pour cinq jours raſtions : 14
il m'en est deu raſſion 1, à trois raſtions par jour.

On a donné le pain à Spire le 1er Juillet (*Août*) pour quatre jours à trois raſtions par jour, fait cy : 12

On a donné le pain à Spire ce 5 pour quatre jours à trois raſſions, fait cy : 12

On a donné le pain à Spire le 9 Juillet pour quatre jours a 3 raſtions, fait : 12

On a donné le pain à Spire le 11 Juillet pour quatre jours, raſſions 3 par jour, cy : 12

On a donné le pain à Schweihausen (*Schweighausen*) le 16 pour quatre jours, à 3 par jour : 12

On a donné le pain le 22 aouſt, pour quatre jours, à 3 raſſions par jour, cy : 12

Le 25, pour quatre jours, à 3 raſſions, fait : 12

Le 29, pour quatre jours à 3 raſſions par jour fait : 12

Le 2 ſeptembre pour quatre jours, fait de raſſions : 12

Le 6 pour quatre jours à 3 raſſions par jour fait : 12

Le 10 pour quatre jours : 12

On a donné le pain le 14 ſeptembre au camp de Otterſheim pour quatre jours, à 3 raſſions ſait : 12

On a donné le pain le 18 7bre au camp d'Otterſheim pour quatre jours, à 3 raſſions, fait : 12

Le 25 on a donné le pain à Viſſeimbourg pour quatre jours, raſſions : 12

Il m'est deu 4 raſtions du 18 que je n'en ay pris que 8 ;
le pain étoit deu le 22 & on ne l'a donné que le 25 ; deu, le 26. 14.

Payé les 14 raſtions.

On a donné le pain à Druſnheim (*Drusenheim*) le 1er 8bre 1743 pour quatre jours, à trois raſſions par jour, fait, cy : 12

On l'a donné à Druſnheim le 5 pour quatre jours, raſſions : 12

J'ay fait prandre le pain à Druſnheim le 13 pour cinq jours qu'il étoit deu à mon valet & pour quatre jours, fait des raſſions cy : 27

Le 17 pour quatre jours à 3 raſſions par jour fait : 12

Le 22 on la donné à Druſnheim pour ſix jours à 3 raſſions par jour, fait cy : 18

Décompte du fourrage.

Je ſuis arrivé de Douay à Metz le 17 avril ; j'ay pris ſejour à huit raſſions de fourrage : 8 r.

le 21 : 6

Nous ſommes party le 24.

à Invile le 24 : 2

Chateauſalin le 25 : 2

Mezière le 26 : 2

Straſbourg le 27 : 2

Phalſbourg le 28 : 2

Hokphel (*Hochfelden*) le 30 : 2

Haghenau le 1er may : 4

Huſſem (*Soultz*) le 3 : 2

Viſſembourg le 4 : 2

Landau le 5 . 8

Spir le 9 : 2

Spir le 10 : 2
le 11 : 2
le 13 party pour Vhorms.
le 13 a Frackendoof (*Frankenthal*).
le 14 à Vhoormes où nous avons campé : 2
le 15 à Worms : 2
le 17 à Worms : 2
le 19 Worms : 2
le 21 Worms : 2
le 24 Worms : 3
le 28 Worms : 8

Je ne prends qu'une rassion depuis le 9 may.

Le premier Juin pour quatre jours à Worms rassions : 4
le 5 à Nortem (*Nordheim*) pour deux jours : 2
à Groshausem pour : 2
au camp de Biblis : 2
au camp de Zwingenberg : 2
au camp de Pffunchgtat le 10 : 2
le onze au camp de Gerauv,
pour trois jours : 3
le 14 pour 2 jours : 2

. . . .

le 21 au camp de Stochtatt pour un jour : 1

le 22 au même camp pour un jour : 1

le 23 au même camp pour un jour : 1

le fourage eſt deu depuis le 24 avec l'avoine cejourdhuy 28.

On a donné l'avoine à Seligenſtatt depuis le 24 juſqu'au 30 à une raſſion par jour, ſans fourage qu'une fois le 25 ; le fourage nous eſt deu depuis le 25 juſqu'au 3 Juillet.

On l'a donné le 3 juillet pour deux jours à Steinheim : 2

On a donné l'avoine à Birgel le ſept dimanche pour deux jours : 2

à Worms le 18 juillet pour trois jours d'aveine qui etoit düe : 3

On a donné le fourage le 15 à Biblis pour deux jours : 2

On a donné l'aveine le 18 pour deux jours : 2

On a donné le fourage le 19 pour deux jours à Worms : 2

le 20 pour un jour : 1

le 21 juillet on a donné le fourage pour trois jours : 3

le 24 à Worms pour un jour : 1

On a donné le fourage le 26 Juillet à Spire pour un jour : 1

le 27 pour un jour : 1
le 28 — 1
le 29 — 1
le 30 — 1
le 31 — 1
le 2 aouſt pour deux jours : 2
le 4 pour trois jours : 3

On a donné le fourage à Spire le 7 Aouſt pour deux jours : 2

Au fourage le 9 pour deux jours : 2
le fourage le 11 à Spire pour deux jours : 2
le 13 à Solſſe (*Soultz*) pour deux jours : 2

On a donné le fourage à Schweichauſen près d'Hagenauv le 15 pour 4 jours : 4

On l'a donné à Schweichauſen (*Schweighausen*) le 19 pour trois jours : 3
le 22 pour trois jours : 3
le 24 — 3
le 28 à Straſbour pour deux jours : 2
le 30 à Druſnheim : 1
le 31 à Beynheim : 1
le premier ſeptembre à Lauterbourg pour deux jours : 2

Juſqu'au 9 à Lauterbourg, une raſſion par jour fait : 8
le 9 à Lauterbourg pour deux jours : 2

On a été au fourage général le 13 septembre pour six jours de Otterſheim.

J'ay pris à Viſſeimbour le fourrage pour deux jours à trois raſſions : 6
le 23 ſeptembre.

J'ay pris à Viſſeimbourg le 23 7bre le fourage pour deux jours à 3 raſſions par jour fait : 6

Mr. Peillon m'en doit 10, fait : 6 l.

J'ay pris le fourage à Druſnheim le 27 pour deux jours à une raſſion par jour, cy : 2

On a donné le fourage le 1er 8bre à Druſnheim le 3 pour deux jours : 2
le 5 pour quatre jours : 4
le 9 on l'a donné pour quatre jours : 4
le 14 8bre pour quatre jours : 4
le 22 pour quatre jours : 4
le 24 8bre à Chilike (*Schillighausen*).
le 25..... [1]

1. *Note de l'auteur* : Mr. de Loyauté, major, me doit les quinze premiers jours de novembre de fourrage, complets, qui ſe montent à 45 rations à 3 par jour, fait (demy trente et un déduit) à 12 ſols la ration, 26 l. 2 s.

Noms de MM. les officiers des deux brigades d'artillerie parties de Metz le 24 avril 1743.

Mr. de la Rocheaymond, lieutenant général des armées du roy & de l'artillerie, commandant en chef;

MM. Dormevile, premier Brigadier
de Giot, second brigadier;

1re Brigade

de Chevrau de Bellevüe	commissaire ordinaire
le chr de Malbez	Ydem
du Paſſage	commissaire Extraordinaire
Dallegrin	officier pointeur
Bachimont	Ydem
	Total 6.

2e Brigade

Perdiguier	commissaire ordinaire
Duchat	Ydem
Savoniere	commissaire extraordinaire
Lemery	officier pointeur & commissaire du parc.
Jeaunay	officier pointeur
	Total 6.

Etat de l'equipage d'artillerie pour la campagne d'Allemagne 1743.

Commandant en chef

M. de Valière

Commandans en second

Mrs de la Rocheaymond
Bailly
Duc Granier
Valiere fils

Commissaires provinciaux

Mrs Dormevile
Guyol de Guirand
de Blanzy
Beaufire
le Couvreur
Sabrevois de Bouchemont
Sancé

Commissaires ordinaires

Mrs Chevreau de Bellevüe
le Vacher de Barres
Perdiguier
Legrand

Berny
Devert
De Briau
Tahurau
le Chr de Malbez
St Auban
Rifchcourt

Commissaires Extraordinaires

Mrs Viol
Greaume
Dollot
Dupaffage
Geoffroy
Morcourt
Charmois
Leftang
Gogue de Mouffonviliers
Savoniere
Vareil de Bauvoir
Debron l'aîné
Fontenailles
Debron cadet
Perrin
Peliffier
le Chr de Caylus
la Pailletterie.

Officiers pointeurs

Mrs Dallegrin
du Catelet
Bailleul
Des Mazis
d'Hemery
Boiffet
de Montauvilliers
Lafavery
Fredy
Jaunay
Geofroy
Birague
Gilbert
Fautrier
St Aubin
Lavieux
La Croix
Ste Marguerite
Dorgeans
Dherbelet
St Marcel
Baurin

Etat-major

Major : Mr. Loyauté
Commissaire du parc : Mr. Brunet

Aumonier : l'abbé Picard
Chirurgien : Lafargues
Prevot : Udet
Un controlleur.

Etat des troupes composant le détachement de Mr. le Prince de Dombes à Heidelberg[1].

Infanterie

Regimens :	* Royal Vaiſſeaux	Bataillons :	3
	Rohan		3
	Touraine		3
	* Bourbon		2
	* La Sarre		1
		Total	12

Cavalerie

* du Rumain	Escadrons :	3
Royal-Pologne		3
Dragons		
Beaufremont		4
* L'Hopital		4
	Total	14

1. Ces troupes avaient commencé à passer le Rhin à Spire le 21 Avril; *Campagne de Mr. le Maréchal de Noailles, 1743*, t. I, p.p. 71, 74 à 76.

Renfort de 8 bataillons & 6 eſcadrons qui franchirent le Rhin à Spire le 1er Mai et se portèrent à Heidelberg[1] :

Régimens :	Eu	Bataillons	2
	*Cambréſis		1
	*Royal-Italien		1
	Berwick		1
	Royal-la-Marine		1
	*Nivernois		1
	Haynault		1
		Total	8
	*Anjou	Eſcadrons	3
	Cravattes		3
		Total	6

1. *Campagne de Mr. le Maréchal de Noailles, 1743*, pp. 92 à 94. — Ce détachement rejoignit, au camp de Zwingenberg, l'armée de Mr. le Maréchal de Noailles dont il forma la réserve; mais les régiments marqués d'un astérisque servirent à former le détachement suivant.

Noms des regimens d'infanterie et de cavallerie qui ont été dettachés de l'armée de Mr. le Maréchal de Noaille pour aller en Bavière le 30 may 1743 [1].

Infanterie

Régimens :	Les Vaiſſeaux	bataillons	3
	Comty		2
	Bourbon		2
	Laſſarre		1
	Royal-Ytalien		1
	Royal-Rouſſillon		1
	Nivernois (*Lorraine*)		1
	Cambréſy		1
		Total	12

Cavallerie

Anjou	Eſcadrons	3
du Rumain		3

Dragons

Lopital ou Ste Même		3
	Total	10

1. Le chevalier de Malbez est d'accord avec l'état envoyé par Mr. le Maréchal de Noailles à Mr. d'Argenson le 17 mai. *Campagne de Mr. le Maréchal de Noailles, 1743*, p. 105.

État des troupes aux ordres de Mr. le Maréchal de Noailles au camp de Stockstätt, 19 au 27 juin 1743[1].

Infanterie

Régimens :	Bataillons	
Berwick	1	à l'aile droite en avant de Gr.Os theim
Rooth	1	
Dillon	1	
Clare	1	
Burkeley	1	
Piémont	4	Au centre première ligne
Nice	1	
Rohan	3	
Dauphiné	1	
Aubeterre	1	
Eu	2	
Penthièvre	1	
Mortemart	1	
Le Roy	4	
Biron	1	
Bigorre	1	
Navarre	4	

1. Bibliothèque nationale, plan signé Liebaut, cartes et plans, C, 12598.

Orléans	2	
Royal-Marine	1	
Vexin	1	Au centre deuxième ligne
Brancas	2	
Gardes Lorraines	1	
Forest	1	
Touraine	3	
Chartres	2	
Condé	2	
Artois	1	
Auvergne	2	
Royal-Artillerie	2	
Gardes Françoises	6	à l'aile gauche derrière Stockstadt
Haynault	1	
La Marche	1	
Noailles	3	
La Marine	4	en avant-garde, la droite à Nilkheim sur le Main la gauche à un bois vis-à-vis le pont d'Aschaffenburg.
Nivernois	1	
	65	

Cavalerie

Régimens :	Escadrons :	
Grenadiers à cheval	1	à l'aile droite première ligne
Gardes du Corps : Noailles	2	
— Charost	2	
— Villeroy	2	
— Harcourt	2	
Mousquetaires gris	1	
— noirs	1	
Chevaux-légers	1	
Gendarmes	1	
Brancas	3	
Le Roy	2	
Mestre de camp	2	à l'aile droite deuxième ligne
Chabrillan	2	
Clermont Prince	3	
Egmont	2	
Vintimille	2	
Cravattes	3	
Cuirassiers	3	à l'aile gauche première ligne
Andelot	1	
Gramont	2	
Royal-Pologne	3	
Vogué	2	
Tallerand	2	

La Reine	2	suite de l'aile gauche première ligne
Clermont Tonnerre	2	
Colonel Général	2	
Berchiny, hussards	2	à l'aile gauche deuxième ligne
Esterazy —	2	
Beaufremont, dragons	4	
Mailly —	4	
Carabiniers	5	En arrière garde dans le bois de Stockstadt
Penthièvre	2	
Chabot	2	
Royal	2	
Fleury	1	
Noailles	2	
	77	

TABLE
DES NOMS PROPRES

A

B

C

D

E

F

G

H

J

K

L

N

O

P

Q

R

S

Mâcon, Protat frères, imprimeurs.

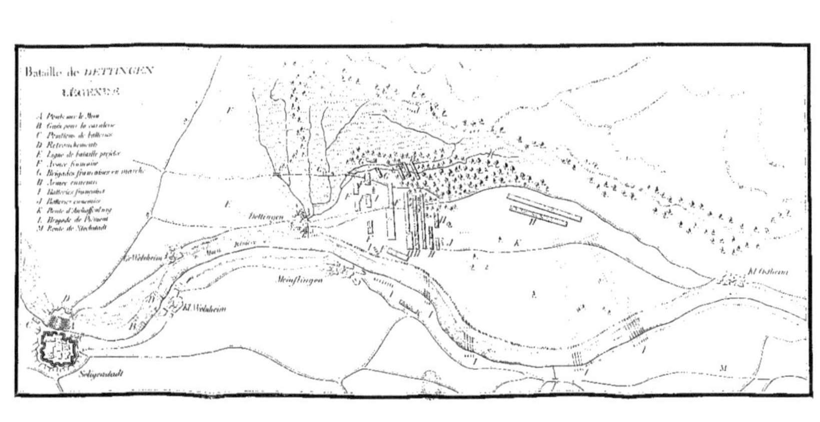
Bataille de DETTINGEN
LÉGENDE
A Ponts sur le Mein
B Gués pour la cavalerie
C Positions de batteries
D Retranchements
E Ligne de bataille projetée
F Armée française
G Brigades françaises en marche
H Armée ennemie
I Batteries françaises
J Batteries ennemies
K Route d'Aschaffenburg
L Brigade de Piémont
M Route de Stockstadt
Dettingen
Gr. Welzheim
Kl. Welzheim
Meinflingen
Seligenstadt
Kl. Ostheim

www.ingramcontent.com/pod-product-compliance
Ingram Content Group UK Ltd.
Pitfield, Milton Keynes, MK11 3LW, UK
UKHW012055240726
13965UKWH00004B/1301

9 782013 022422